ING FOREIGN LANGUAGES
HOSE AIMING TO DO
ARY WORK OVERSEAS

# 国際伝道を志す者たちへの外国語学習のヒント

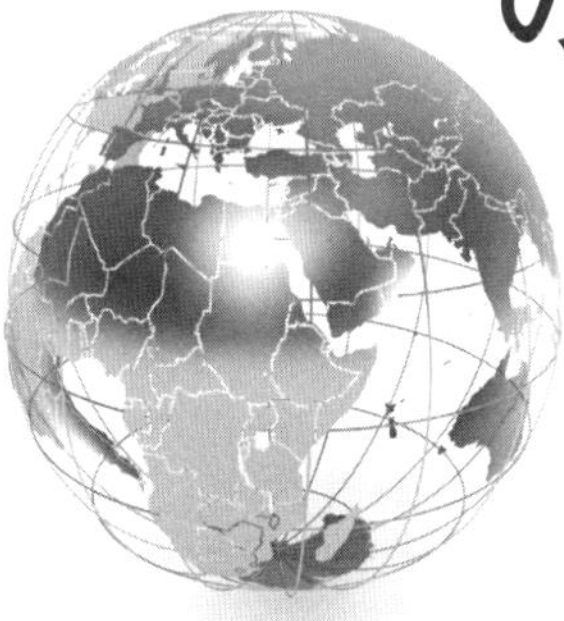

Ryuho Okawa
大川隆法

# まえがき

二〇〇七年頃から、私自身陣頭指揮をとって、国際伝道を強化し、五大大陸を制覇(せいは)。外国のテレビ番組でも、毎週、幸福の科学の番組が組まれたり、私の英語説法も何局でも生中継が流れたり、再放送が組まれたりしている。

アフリカ・ウガンダで行われた英語説法は少なくとも、アフリカ各国で三千万人以上は、ほぼ同時に視聴したといわれているので、知られているところでは、近年ではキリスト教最大の伝道者の一人、ビリー・グラハム師が香港の競技場で英語（中国訳通訳つき）で、世界に生中継して三百万人が視聴したという記録を超えている。

もちろん、インドやスリランカ、ネパール等での講演も、視聴率が判定できないが、10%と考えても、億の単位には届いている。日本ではメディアが一切報道しないので知らないだろうが、インドや香港の空港でも「アイ・ノウ・ユー」（知ってますよ。）と職員に声をかけられるほどだ。今ではアメリカでもTV放送が始まっている。

本書は、国際伝道師でもある私の、外国語学習の実践ヒントである。まずは、レベルを見定めるところから始めよう。

二〇一四年　九月二日

幸福の科学グループ創始者兼総裁

幸福の科学大学創立者　大川隆法

# 国際伝道を志す者たちへの外国語学習のヒント　目次

# 国際伝道を志す者たちへの外国語学習のヒント

二〇一四年八月三十日　説法
東京都・幸福の科学 教祖殿 大悟館にて

# 国際伝道を志す者たちへの外国語学習のヒント

二〇一四年八月三十日　説法

東京都・幸福の科学　教祖殿　大悟館にて

# 1 「国際伝道」と「語学」の密接な関係

## 外国語学習について、ものの見方や考え方を述べる

外国語学習については、幾(いく)つか本も出しているので、もういいかなと思っていたのですが、幸福の科学大学創設に向けて、当会の大学設置関係者たちが文(もん)科(か)省系統の人と、いろいろと折衝(せっしょう)しているのを見るにつけ、なかなか難しいところがあるのだなと思っています。

やはり、レベルや定義の問題とか、目的とか、そういうものが思うように伝

わらないものだなという感じがしています。

そういうことで、すでに幾つか本にしたものもあるのですが、あえて、大学設立に合わせ、外国語学習について、「国際伝道を志す者たちへの外国語学習のヒント」と題し、全部は語れませんが、ものの見方や考え方的なものとして、私の思っているところを述べてみましょう。

幸福の科学大学や、その他の大学の信者学生等を念頭に置いていますが、青年層にも通じるし、それ以外の層でも、海外での伝道等を考えている人には通じるだろうと思います。あるいは、海外でビジネスをやっている人にも関係は出てくるでしょう。

あるいは、内容を逆に読めば、海外から日本に来て、日本語を勉強したいと思っている人や、それを自分の国に伝えたいと思っている人にも、多少ヒントになる部分があるのではないかと思います。

## 教祖(きょうそ)・開祖(かいそ)は、生まれた国の言葉で教えを説(と)くもの

宗教の教祖(きょうそ)・開祖(かいそ)というものは、普通、自分の生まれた国の母国語で教えを説(と)くものです。外国語で説くというのは、一つの知的訓練を必要とすると同時に、母国語やオリジナルな言語で語るほどには縦横無尽(じゅうおうむじん)に語れない部分があるので、どうしても、みな、自分の国の言葉、あるいは、その地方の方言を使って話をしていると思われます。

イエスにしても、英語で説法をしていたわけではありませんし、ローマの言葉で話していたわけでも、ギリシャ語で話していたわけでもなく、ガリラヤ湖(こ)

畔（はん）でよく使われていたような言葉を中心的に使っていたと考えられています。おそらく、その言葉を標準的なユダヤの言葉に置き換えるのでも、少し〝距離〟があっただろうと思います。

キリスト教が世界に広がるに当たっては、伝道者パウロが、当時の国際語であったギリシャ語を話せたことが、かなり大きかったのではないでしょうか。ギリシャ語で語れたら、そのギリシャ語はやがてラテン語に翻訳（ほんやく）されていきますし、また、ラテン語から各国の言語に翻訳されていくというかたちが取れるのです。

## 母国語のドイツ語で『聖書』を読めるようにしたルター

宗教において、言語というのは非常に大事なものです。さまざまな国の歴史を見ても、その国の、その時代以降の「国語」に当たる部分、すなわち、母国語の規範(きはん)文法と、文章の作り方というか、語り方というか、作文の仕方等は、宗教家が書いたものを基(もと)にしているケースが非常に多いのです。

キリスト教で言えば、例えば、ドイツ語がそうです。私はドイツ語も勉強していますが、「現代ドイツ語の基になるものをつくったのは結局、誰か」と言われると、ルターです。英語ではルターですが、ドイツ語ではルーテルと言います。

ルターが、当時の『聖書』をラテン語からドイツ語に訳したことによって、各家庭に『聖書』が入りました。

神父（しんぷ）が、ラテン語の『聖書』について、「これはこういう意味だ」と解説するかたちの講義を教会でやり、人々はそれを聴（き）きに行っていたのですが、ルターは、「信仰を家庭に取り戻す」ということで、『聖書』を翻訳したのです。

そして、「『聖書』をドイツ語で読むことができれば、自分の家庭で信仰行為ができる。教会に行かなくても、イエスへの信仰は立てられるし、神を信じることができる」というようなことを説いたわけです。

そういうことで、カトリックに対するプロテスタントという大きな運動の、始まり的なものの一つである「ルターの宗教改革」も、最初は、自分たちで教会を建てるお金もないので、まずは『聖書』を翻訳し、庶民かどうかは分かりませんが、おそらく本が読めるぐらいの階層で、そうしたドイツ語を読める階層の人が、『聖書』を手に入れることができ、家のなかでイエスの言葉を学び、神の教えを学ぶことができるようになったところから始まったわけです。

「教会に行かずに信仰する」ということは、現代で言えば、勉強は学校で教えるものと決まっていたのに、塾で教え始めたようなことに少し近いかもしれません。

そして、文科省が認可した学校で勉強を教えるだけでなく、経済産業省の管轄下にある塾でも勉強を教えるようになったら、どうなったでしょうか。

塾は、何もチェックが効きません。経済産業省は、経済行為として捉えるので、塾を管轄していても、内容については何も口出ししないのです。文科省なら、学校の指導要領に意見を言いますが、経済産業省は、塾で英語を教えようが、数学を教えようが、何も関係はありません。商売として発展しているか潰（つぶ）れたかは、統計上少し関係は出ますが、内容についてはタッチしていないのです。

ところが、意外に、文科省に指導されていない塾産業のほうが繁栄したということは言えると思います。

## ドイツ語やチェコ語は、『聖書』の翻訳をきっかけに確立した

『聖書』にも、これと同じようなことがあったのです。

昔、ラテン語は、大学などに行って勉強した人でないと分かりませんでした。

「哲学をやるなら、ギリシャ語を勉強しなければいけない」「ラテン語を勉強

しなければ、『聖書』が読めない」ということで、グリーク・アンド・ラテンをやらないと、知識階級に入れず、人々は、そういう人たちから教えを聴いて、間接的に勉強していたのです。

その状態から、『聖書』をドイツ語で読めるようになったことが大きく、ルター以降、ドイツ語の基本ができていったのです。

そのため、「ドイツの規範文法はルターがつくった」とも言われていますし、文体も、ほとんど、ルターの訳した『聖書』から取ったものから出来上がってきているのです。

隣の国のチェコも同じく、宗教改革の流れのなかで、カトリックとの対決が始まり、フス戦争が起きました。その元になったフスという人は、現在のチェコスロバキアの首都に当たるプラハの大学で、学長をしていた人です。この人が、ラテン語の『聖書』をチェコ語に翻訳しました。ルターがやったことと同じようなことを先立ってやったわけです。

イギリスであれば、ウィクリフという人も、『聖書』の英語訳に取り組んでいます。

こうした翻訳によって、その国の言葉で勉強ができるようになると、「違う言語で宗教的に〝縛り〟をかけたものからの独立」ということが現実に起きてきました。しかも、それが、戦争も含んだ政治的な独立運動と一緒になるようなことも、数多く起きたのです。

フスが『聖書』をチェコ語に訳したことによって、チェコ語の基礎が固まり、現代のチェコ語が生まれてきているということで、宗教家の文章というのは、意外に大きな影響力を持っているのです。

宗教家が訳したもの、書いたものは、多くの人に読まれるので、ロングセラーになります。今は、英語で訳された『聖書』は全世界で読まれ、「超ロングセラー」と言われています。毎年一億冊ぐらい買われているかもしれないので、ベストセラーの〝圏外〟に出ているぐらい読まれているのです。

ただ、英語については、『聖書』だけとは言い切れないものもあって、シェークスピアあたりで、英語の文体や文法がだいたい固まったのではないかとも言われています。シェークスピアの本もよく読まれ、戯曲も上演されたので、シェークスピアの影響も少しあるでしょう。

いずれにせよ、幅広い影響力を持った文学者、あるいは聖職者による言語が、多くの人に読まれて広がり、文体の基礎になることが多いのです。

## 日本語も、明治以降、『聖書』の翻訳の影響を受けている

日本語の文体も、明治以降、外国語の翻訳の影響で、江戸幕府時代とはかなり変わってきました。翻訳調の文体が入ってきているのです。

もちろん、実学的なものの翻訳もかなり入ってはいますが、なかには、キリスト者(じゃ)による『聖書』の翻訳の影響も、かなり入ってきていると思われます。そうした『聖書』の翻訳は、日本の宗教や、さまざまなものにまで影響が出てきているのではないでしょうか。

そういう意味で、「語学の部分」と「宗教」とは、かなり密接な関係があり、布教のツールとしての語学が十分に機能した場合、あるいは、十分にスプレッ

ド（広がる）できた場合には、「教えの広がり」と「語学的なものの確立」とが一体になってくるというところがあるわけです。

# 2　歴史に見る国際伝道の難しさ

## 日本発の思想や宗教を、海外に広げるには難しいところがある

日本でやっている宗教の場合、「日本語で説かれた教えを海外に伝える」という意味では、かなり難しいところがあります。

日本語は、現在、一億二千数百万人が使っています。海外では、日本語学科のようなところで日本語を勉強している人は、もちろん、多少分かるでしょうが、それ以外で日本語が通じる所と言えば、ブラジルあたりでしょうか。

ブラジルでは、お年を召された方は、「英語で言われるよりも、日本語で言ってくれたほうがよく分かります」ということで、私が講演に行ったときも、最初は、ヘッドホンをつけて、ポルトガル語に翻訳されたものを聴いていましたが、途中から外して、直接、日本語で私の説法を聴く人もいました。

ブラジルには移民がかなりいるので、日本文化が入っていて、日本語が分かる人がけっこういるのです。あるいは、年代的にはかなり古くなりますが、台湾などにも、日本語が分かる人はかなりいます。

その他、日本文化が浸透した所では、一部、分かるところもありますが、世界語までいっていないため、日本発の思想や宗教などが外に広がるときには、困難を感じるということが言えるのではないでしょうか。

## 重商主義政策と一体となって伝道したキリスト教徒たち

歴史的に見ても、どの宗教であれ、教えを自国以外に広めるに当たり、語学的にそうとう苦労しています。ですから、教え以外の補助的な〝装置〟というか、〝武器〟を使って伝道したケースもあります。

ヨーロッパのほうは、キリスト教伝道を、重商主義政策と一体になって進めました。アジア・アフリカのあたりから原材料を買い付け、自分たち先進国の物を売ったりするような商業をやる過程で、宣教師も連れて行って布教させると同時に、軍隊も派遣し、その国の軍事力が弱ければ、あわよくば占領してしまうということもやっていました。

「軍事的占領」と「貿易上の利益」と「宗教上の伝道」によるメリットの三者が一体になって、世界的に広げていった面はあると思います。

それが、よい結果に終わった所もありますが、中南米では、スペインやポルトガル等の勢力が入ってくることで、マヤ・アステカのように滅びてしまったような所もあります。非常にシステマティックに伝道することには成功しましたが、現地の文化・文明を根本から壊してしまうというか、滅ぼしてしまうようなところもあるので、このあたりが、宗教の怖いところではあると思います。

現在、イスラム教が、「過激で、戦争を起こしやすい」というレッテルを貼られ、偏見の目で見られていますが、そうであるならば、大航海時代のキリスト教はどうだったのかと言えば、アフリカ・アジア・中南米にまで進出して、国王ごと殺すぐらいのことまで、けっこうやっています。ほかにも似たようなところはあるので、言えた義理ではない面があるのではないでしょうか。

そういう意味では、日本が、先の大戦で、大東亜共栄圏をつくって広げようとしたときも、確かに、宗教的な伝道が絡んでいたと思います。植民地になった所に鳥居を建てていったので、日本神道を広げようとする動きと一体化していたわけです。

これは、別に、ほかの宗教と比べて間違っていたわけではなく、宗教的に見れば、「先輩宗教たちがやったことをまねて、世界宗教化の動きをやっていた」ということでしょう。そういう部分があったのではないかと思います。

それが善政であったかどうかについては、それぞれ、歴史的に評価が分かれるところかと思います。

そういうことで、軍隊あるいは貿易を通じて、ある意味での「脅し」あるいは「利益との交換」で教えを広げるという伝道も、歴史上、さまざまなかたちで、なされてきたことは事実です。純粋に「教え」だけで海外に伝道しようとすると、やはり、そうとう難しかったことは事実なのです。

## 日本では、キリスト教よりも鉄砲(てっぽう)のほうが広がった

キリスト教では、パウロ一人が国際人であったために、広がった面はありますが、彼以外に、外国への伝道をたくさん進めたと言えるほどの有名な人はいません。

日本では、中世に、フランシスコ・ザビエルというイエズス会の宣教師が鹿児島(かごしま)に上陸し、日本で最初の宣教をやっています。

宣教師たちはキリスト教の伝道もしましたが、それよりも、彼らと同時期に届いた、「種子島(たねがしま)」と呼ばれた鉄砲(てっぽう)のほうが、実は、広がりは大きかったと言えるでしょう。キリスト教の広がりよりも、鉄砲の広がりのほうが大きかったのです。

日本人にも、非常に工作に慣れた人が多かったので、ポルトガル系から入った鉄砲を分解して、組み立て、「どうしたらつくれるか」を研究し、自分たちの手で鉄砲をつくるようになったのです。

気がつけば、日本は大量の鉄砲を保有するようになっていました。数十年後の関ケ原(せきがはら)の戦いにおいて、徳川家康(とくがわいえやす)側と石田三成(いしだみつなり)側が、それぞれ十万ぐらいの大軍で対決しました。大砲(たいほう)も出てきましたが、鉄砲も出ていて、そうとう撃(う)ち合っています。このときの鉄砲の数は、国別で見た場合、おそらく、日本が世界でいちばん多かっただろうと言われています。宣教師と共にやってきた鉄砲が、日本独自に改良され、戦に使われていったのです。

その前は、織田信長が、武田信玄亡きあとの武田軍の騎馬隊を壊滅させるときに、一説には、「鉄砲を三段構えにして、先の兵が撃ったら後ろに下がり、次の兵が出て、すぐに撃てる」という新しい作戦をとりました。

当時の鉄砲は火縄銃なので、火縄に火を点けて発射できるまでに時間がかかります。そのため、武田軍のほうは、「火縄に火を点けて、撃つのを狙っている間に、騎馬隊で一気に攻め込み、馬で柵を飛び越えて斬り込めば勝ちだ」と思っていたのですが、信長軍は、まさかの三段構えで来たのです。

信長軍は、鉄砲を三千丁ぐらい持っていたと言われているので、これは、そうとうな数です。兵士が千人ずつぐらい順番に出てきて鉄砲を撃てば、敵が馬に乗って攻めてきても、射程距離の百メートルを走り切られる前に、弾を当てられるでしょう。そうして、騎馬隊が壊滅したのです。信長が恐れていた武田軍ですが、あっという間に滅びに至るようになりました。

そういうことで、日本ではキリスト教が広がるよりも、鉄砲が広がりました。信長はキリスト教を少し取り入れていましたが、秀吉(ひでよし)の代では、バテレン追放令(ついほうれい)が出て、徳川幕府の時代には正式に禁教令(きんきょうれい)が出ました。

これは、キリスト教が、ほかの所では、重商主義と一体になった帝国主義的な布教をやっているらしいことをつかんだので、「キリスト教が入って来たら、やられる」ということを知っていたのだと思います。

日本の場合、鉄砲だけは入ってきましたが、宗教的には伝道できなかったわけです。彼らも、日本に来て初めて、その島の人たちと話し、日本語を覚え、何かいろいろと絵を描いたり字を書いたりしながら、「現地で日本語を学んで伝道する」というスタイルだったので、かなりきつかっただろうと思います。

## 坐禅の姿を見せるだけで伝道した僧侶・弟子丸泰仙

日本人が仏教を海外に伝道するときにも、同じような経験をしています。曹洞宗の僧侶の弟子丸泰仙という人が、フランスに禅を伝えるとき、フランス語が全然話せないので、とりあえず机の上に上がって、そこで坐禅を組み、黙っていたそうです。「これが坐禅だ。見たら分かるだろう」というわけです。

確かに、坐禅は便利です。「話さなくてもいい」と言えばよいわけです。「不立文字」と言って、「文字を立てずに、坐っていればよい」ということであれば、坐っているだけでも、「仏様の姿をお見せして、これが伝道になる」ということで、やれたところもあるのでしょう。そのうちに言葉も覚えたでしょうが、言葉はできなくても、坐禅をすれば、見せられたところがあったかもしれません。

同じく、禅を世界に広めた人に鈴木大拙（すずきだいせつ）という人がいます。彼は、アメリカにも渡っているし、アメリカ人の女性とも結婚しています。彼女に協力してもらったところもあって、英語が堪能（たんのう）だったこともあり、英語で禅の本を書いています。

私もその本を読んだことがあります。文献的に見ると、若干（じゃっかん）、仏教の歴史や教義についての英語訳にも、やや不正確な理解をしている面も散見（さんけん）されますが、それでも、アメリカの人たちに分かる範囲内で、通じる英文が書けて、話せたということは大きかったと思います。

九十五歳のときに腸閉塞を起こし、入院して亡くなるわけですが、その直前まで、布団で腹ばいになり、布団を被ったまま、畳の上で、禅の思想について翻訳などをやっていたと言われています。

宗教家で語学ができる人は、今は、本当に数えるほどしかいません。伝道者として、海外に通じるだけの外国語が話せる、あるいは聞ける、書けるとなると、かなり難しいということがよく分かります。

## キリスト教の宣教師たちも苦労した「日本語の壁」

「日本人は、英語が下手なために話せない」ということだけでなく、外国人が日本に来て伝道するのも同じです。この難しさはそうとうなものです。

キリスト教は、日本への伝道の歴史を五百年持っていますが、五百年経ってても、人口の一パーセントもキリスト教の信者はいないと言われています。公称百万人程度と言われていますが、内部の人が書いたものによれば、実数は、おそらく諸派を合わせて六十万人ぐらいしかいないと思われるそうです。

教会には「二百人の壁」というのがあって、「二百人以上の信者を集めることができない」ということを書いています。「どうすれば二百人の壁を突破できるのか」ということが書いてあるのを見ると、私たちのほうも、何だか少し〝救われる〟ような気持ちがあります。

支部長の説法では、支部に大して人が集まらないので、「もう少しうまくならないのか」と言いたくなるところもあるのですが、二百人以上は集められないということが、どこも壁になっているようです。これは登録数の話ですが、教会でも、「登録数二百人で壁がくる」というように言われています。

もちろん、内容的なもので、日本人が飛び込めない部分もあるとは思いますが、明治以降、特に、キリスト教の宣教師がたくさん入ってきて、大学もつくり、いろいろなところで布教しているけれども、やはり、日本語の壁はけっこう厚かったのではないかと思います。

日本に来て、英語で教えているだけでは、日本人は信仰を持ちません。日本語を覚えて、宣教しなければいけないわけです。アメリカでもイギリスでも、ほかの国の人でも結構ですが、それほど日本語に精通し、日本人のハートを捕まえるところまで日本語を操れる宣教師は、そんなにいなかったということでしょう。

例えば、「ゴルゴタの丘で、ナザレのイエスという人が十字架に架かって、死んで、どうのこうの」という話をしても、日本人にとっては、遠い世界の話をボーッと聞いているようで、「それが、私に何の関係があるんでしょうか」というような感じになるわけです。

その時代の日本人が必要とする教えを説くこと、つまり、悩んでいることや、その解決に当たるようなことを的確に指示して教えることは、困難だったのでしょう。それだけの日本語力としての「語学力」は、なかなか、なかったのだろうと思います。

## 3　日本はもっと英語力が必要である

### 翻訳が進み、母国語だけでも十分に勉強できる日本

明治時代には、外国の学者もたくさん入ってきて、いろいろな学問を教えましたが、「ほとんどの人は、英語なりドイツ語なり、向こうの本を使って授業をする」ということで、「日本人は、先生の英語やドイツ語をそのまま聞いて勉強する」というかたちでやっていました。

今のアフリカも、そういうことが多いと思います。母国語では学問ができな

いために、英語などを中心にして学問をしているのです。そのため、彼らが英語を読み、書き、話せる率は、日本よりも、はるかに進んでいるところはあるし、留学も盛んです。

要するに、今は、ある意味で、母国語で学問が十分にできない所ほど、留学が盛んなのです。

日本も、最初は、外国人の先生が外国語で講義するのを直接聞いていたのですが、次第に、海外留学を経験して帰ってくる学者が増えてくると、翻訳をし始めていきました。

ですから、以前は、「学者の条件は、まずは、外国語で書かれたものを日本語に翻訳すること、つまり、横のものを縦にすることだ」ということで、「私は学者になった」「大学の教授だ」と言ったら、「先生は何を翻訳されたのですか」と訊かれるような感じでした。「翻訳ができたら、学者になれる」という感じであったわけです。

その後、たくさんのものが日本語に訳されるようになり、また、日本語で読めるものだけでも数がそうとう多くなって、研究もかなり可能になってきたところはあります。

そういう意味で、日本人は今、「英語が下手だ」とも言われていますが、日本語で勉強しなければいけないものが、そうとうな量あるのです。

## 英語が上達しないのは、日本語だけで用が足せる大国だから

できる学問の範囲もそうとう幅があるので、それを勉強しているだけでも、

そうとうな時間がかかって、いろいろな学問まで消化し切れないでいるというのが、現状です。

そのなかに、外国語が入ってきて、英語あるいは第二外国語も付け加わってくることになるわけです。

もちろん、一日中やっていれば、できるようになるかもしれません。しかし、「ほかのものもやらないわけにはいかない」「日本語で、新聞も読めれば、テレビを観ることもできれば、本も読めるし、授業も聞ける」ということになると、江戸時代末期、蘭学・オランダ語をやって、それから英語に移った頃に、熱心に外国語を勉強して、直接、学問を移入して学ぼうとしていたときの人たちに比べれば、現代の語学学習法は洗練されていると思いますが、「真剣み」と「一書にかける時間的比率」はかなり少ないと言えると思います。

日本語でほとんどのところは分かるし、海外に留学した人もいるので、翻訳して伝えてくれますし、海外のニュース等も新聞やテレビ等が日本語で伝えてくれるところもあって、それほど、あえてやらなくても済むところはあるわけです。

もちろん、ＣＮＮとかＢＢＣとか、英語の放送等もかかりますが、観ている人の数は、そう多くはありません。三万人とか、その程度の数だと言われているので、それで情報を取るのは、そんなに簡単なことではないと思います。

ＣＮＮを観ていても、コマーシャルだけは日本語で入るので、あれが入る度に、私は、本当にイラッときます。日本の会社の宣伝なので日本語でやらないと意味はないのでしょうが、せめて英語で言って、日本語の字幕を出すぐらいにしてくれないと、邪魔くさいのです。日本語が入ってくると、「せっかく英語を聞いているのに邪魔だな」と感じるのです。

ＢＢＣは、日本語のコマーシャルが入らないので、助かるなと思ったりするところもあるのですが、そのくらい、日本語で用を足せてしまうところがあるのです。

渡部昇一（わたなべしょういち）さんも言っていますが、そういう意味で、日本は大国なので、英語がそんなにうまくならないところがあるのです。いや、「大国になった」と言うべきでしょうか。「大国になったので、英語がうまくならなくなった面はある」ということです。

それから、日本語だけでも、年に七万冊以上も本が出ているので、これを読むのは大変です。読書人口は減っているなか、本が七万冊出て、書店には、なかなか一週間も置いてくれなくて、引き下げられ、次々と新しいものが出てくるというような状況です。

海外でベストセラーが出てもすぐに翻訳が出るので、みんな、翻訳が出るのを待っているようなことが多く、ベストセラーを英語で読もうという人の数は少ないのです。

『ハリー・ポッター』ぐらいだったら、英語で原書を読んでいる人もいましたが、たいていの大著（たいちょ）のベストセラーだったら、翻訳を待っている人のほうが多いと言えるし、今は、同時発刊もけっこうあります。原稿の段階で送られてきて翻訳をやり、日米で同時発刊するようなこともあるのです。

私の本も、ときどきやっています。日本で発刊するのと同時に、外国でも発刊することがあります。

そういう意味で、条件的には、若干（じゃっかん）、苦しいところはあります。

## 日本が海外ビジネスで韓国や中国に負けてき始めた理由

特に、一九九〇年代から二〇〇〇年代の前半にかけて、日本では、文部科学省が「ゆとり教育」を推進したこともあり、英語も非常に易しくなって、単語数もぐっと減らされました。「落ちこぼれが出ないようにしよう。中学以降は、英語と数学で落ちこぼれる人が多いので、英語を易しくして、単語数を減らそう。そうすれば、落ちこぼれが少なくなる」というわけです。

これは一見、正論のように見えながら、やはり邪道ではあります。英語ができるようにはならないので、「消化さえすればよい」とか、「学校さえ卒業できればよい」とか、「入試さえ受かればよい」とかいうレベルの、手段としての英語でしょう。

「易しくすれば、落ちこぼれが減り、英語の先生の負担が減り、非行・不良・不登校が減る」と考えたのでしょうが、その間、中国や韓国は英語熱がけっこう強く、留学者も多かったので、かなり英語ができるようになりました。そのため、海外ビジネスでは、日本人がかなり負けてき始めたのです。それは否めないと思います。

中国人や韓国人にとって、「英語ができる」ということは、立身出世の条件にかなりなっています。ちょうど日本の明治時代のようなもので、「洋行帰りで英語ができる」ということが、よい職に就けて収入が高くなるための条件になっているのです。

明治時代、日本では、サミュエル・スマイルズの『自助論』を翻訳した『西国立志編』が流行り、人々は一生懸命に勉強して殖産興業をやりましたが、中国も南部等の非常に盛んな地域では、現在、そういう状態になっているのです。

例えば、韓国でいくと、サムスンという電気機器会社があります。いろいろな分野を含めた巨大企業で、ほとんど、政府丸抱えの会社というか、政府と一体化している会社だと思われますが、このサムスンは、社員の英語力が高いことを非常に宣伝しています。アメリカ等に留学して帰ってきた人を採用していることが多いようです。

今、幸福の科学大学の準備室では、文科省に提出するために、教える概要についての資料をつくっています（説法当時）。それを見ると、語学について、初級・中級・上級のレベルは、それぞれこのくらいと設定したりしています。

それはそれで、「日本的にはこんなものかな」と思うところはありますが、サムスンになると、「英語の初級はＴＯＥＩＣ九百点以上のことだ」と豪語しているのです。「英語の中級は九百五十点以上で、英語の上級はそれ以上の人のことを言う」ということで、九百点以下は英語の初級にも入っていません。日本の英語教育を見て、ゲラゲラと笑っていることでしょう。

もちろん、海外でのビジネス戦線でも、かなり敗れているだろうと思います。メーカーになると、特に語学力が低くなります。メーカーに勤めている人の英語力になると、だいたい三百点台から四百点ぐらいの学力しかないことが多いのです。

また、サービス産業のほうに移行してくると、五百点台以上が普通になってきます。そして、外国と関係のある貿易など、外国語を使う職業になってくると、六百点を超えないと、そもそも就職のバーを越えることはできないだろうと思います。

## 英語社内公用語化を導入した楽天とユニクロ

どの程度までいくかは、会社によっても違いますが、最近、日本の企業としては、楽天などが、英語の社内公用語化をし、「役員になるにはＴＯＥＩＣが八百点以上なければいけない。八百点以上なければ役員会議に参加させない」ということを言っています。

そこで、「役員たちが仕事をほっぽり出して、午前中、英会話学校に通う」というようなことがけっこう流行っていましたし、役員以下の人たちも、同じように英会話学校に通うケースが多かったのです。

それから、ファーストリテイリング（ユニクロ）も、英語の社内公用語化をしていますが、「日本で小売業をやるのに、英語が要るのかどうか」といったら、疑問がないわけではありません。日本人に対して英語が話せなければ売れないということはありえないのです。

外国人が日本に来てユニクロでものを買うときには、英語のできる人がいたほうがよいでしょうが、数はそんなに多いとは思えないので、これは、海外展開するときの採用を考えてのことでしょう。海外での採用において、安い人件費で人が雇えるということで、英語の社内公用語化を進めているのではないかと思います。

楽天の三木谷さんは、ハーバードへの留学経験があり、英語が自慢なので、分からないことはありませんけれども、ユニクロの社長のほうは、「英語を話したところを聞いた人は、「一人もいない」ということなので、現地で採用して人件費を下げるという目的で、社内公用語化をしているのではないかと思います。この二つの会社が突出(とっしゅつ)しています。

## 英語でプレゼンをして売り込んだソニー創業者の盛田昭夫(もりたあきお)

住友商事あたりには、「TOEICで七百三十点を超えなければ、管理職になれない」という線があるように聞いていますが、「七百三十点前後というのは、だいたい、英検準一級レベルぐらいではないか」と言われています。

ただ、試験が違うので、同じとは言えません。TOEICはリスニングとリーディングのみで、解答も記号で選ぶ形式です。英検は、少し試験の形式が違うため、必ずしも同じとは言えないと思いますが、「だいたい、そのくらいではないか」と言われているのです。

ただ、このあたりで商社の管理職になれるぐらいの基準だとすると、海外での商売になるとかなり厳しいでしょうね。

海外に出ると、やはり、商社の人がいちばん英語ができます。銀行員よりも商社の人のほうが、英語ができなければいけないのです。そうならないと、やはり商売ができないのです。銀行の人は、商社の人の次ぐらいに英語ができて、メーカーの人はさらに後れます。メーカーの人は英語が話せないので、商社の人が、通訳も兼ねて売買に絡み、貿易をやるわけです。

売買の貿易をやる上では、書類と決裁が絡んでくるので、そこに銀行が一枚加わってくるかたちになります。つまり、「商社と銀行が加わって、メーカーが海外との貿易をやる」ということですが、メーカーは〝鞘抜き〟をされるのは嫌なので、英語教育を一生懸命にやって、社内のレベルを上げようと頑張るわけです。

そういうことで、下からの押し上げがあります。サムスンのように「TOEIC九百点以上で昇給だ」というように自慢されて、やられると、商社はそうとうな圧迫を受けるでしょう。

ただ、ソニーには、英語のできる人が多かったと思います。創業者の井深大と盛田昭夫のうち、盛田昭夫のほうはアメリカにも住み、ブロークン・イングリッシュですが、英語でプレゼンをやるというので有名でした。

私も盛田さんの英語を聞いたことがあります。一応、原稿があって、それを読み上げていたのですが、いわゆる日本人英語で、あまりうまいとは思いませんでした。それでも、当時、ソニーが躍進期にあって、アメリカに乗り込んだとき、「ブロークン・イングリッシュではあるが、英語で売り込んだ」ということは大きかっただろうと思います。ほかの会社も、それをやりたかったでしょうが、できなかったわけです。

## 語学力は、「政治的な運動」としても、結果に大きな差が出る

今、中国や韓国は、国連も絡めて、「中国や韓国に対する日本での言論反撃やデモ」の封じ込めをやろうとしています。

中国や韓国は、アメリカやヨーロッパ等で、そうとうロビー活動や言論活動を行（おこな）い、従軍慰安婦像（じゅうぐんいあんふぞう）を建てるなど、いろいろやっていますが、これは、「語

学力で、英語のできる人をそうとう養成した」というのが効いている可能性は高いと思います。

例えば、中国人や韓国人は、アメリカのいろいろな市議会に出ていって、いろいろな人と会い、「日本はこういう悪さをしたから、こういうものを建てる必要があるんだ」というようなことを一生懸命にＰＲしていきますが、日本人には、そういうことができる人はあまりいないのです。会社の仕事以外のことはやらないでいるわけです。

幸福の科学が今、一生懸命にＰＲしているあたりで、全体としては、やや後れをとっているのかなという感じがします。

そういう意味で、語学力のところは、「宗教的な伝道」としても、「政治的な運動」としても、結果に大きな差が出るということは言えると思います。

## 4　プロの国際伝道師になるための条件

### 国際伝道には、ビジネス英語よりはるかに高いレベルが要求される

大変難しいことではありますが、語学は大事です。世界には言語がたくさんあり、どの言語もその国で伝道するには必要なものではありますが、比較的、公用語になっていて、仕事上あるいは学問上使えるという言語では、英語が強いし、今は、英語で読める本や学問が多いので、やはり、英語で戦えることが非常に大きいのではないでしょうか。

日本人で、「英語が話せて、本が書けて、出せた」という人は、明治以降、本当に数が少なくて、数名ぐらいしかいません。たいていの場合、ネイティブスピーカーおよびライターであった女性を奥さんに持っていて、どちらが本当に書いたのか分からない面もあるような人が多いので、かなり困難な壁なのだなと思います。

これを考えるに、結局、こういうことだと思います。

「語学ができる」ということ、特に「英語ができる」ということは、国際ビジネスマンになるための条件ではあろうと思いますが、英語でビジネスができている人の数は、実際はそうとういます。アメリカのニューヨークには、日本人はおそらく数万人、あるいは十万人近くいると思います。

しかし、要するに、自分の持っているビジネスに関しては英語で仕事ができるけれども、それ以外については、できるところまでいかないのでしょう。自分の専門分野、仕事の分野で、言葉を覚えて仕事ができるようになるところまではいっても、それ以外のところまではいかないわけです。

その証拠に、日本人のビジネスマンには、日本人同士でつるむ傾向があって、アフターファイブというか、夜は、日本人同士で日本食を食べに行ったり、カラオケに行ったりするケースが多いのです。

土日に、外国人のホームパーティーに招かれて、そこで過ごすというようなことは、〝地獄の恐怖〟であるわけです。ホームパーティーに招かれると、いったいどんな話ができるかは分からないので、やはり怖いのです。

仕事の話なら、もちろん、ある程度その枠内で話ができるので、相手の言っていることは分かりますが、仕事以外の話が出てきたら、途端に何も語れなくなるのです。そうして、黙って貝のようになっていなければいけなくなると、非常に苦痛ではあります。

そういう意味で、プライベートな付き合いというのは、かなり困難なことです。そのレベルまでいくのはそうとう大変なことなのです。

実際に、ネイティブの人と付き合っている人もいるでしょうが、そうは言っても、脇役的な存在でしかありえないだろうと思います。

ビジネスで英語を使えるようになるのも、大変なことです。そう簡単にいくことではありません。しかし、ビジネス以外のところでの個人の付き合いがそんなに簡単ではないところを見れば、「宗教として英語で布教するということになると、ビジネス英語で要求されるレベルよりも、はるかにレベルは高くなる」と見るべきでしょう。

商品なら、自分が売る商品は決まっています。例えば、車を売り込むのであれば、車の商品知識があり、それについての英語の語彙を持っていて、中学英語・高校英語の文法をある程度知っていれば、それを相手に伝えたり、意見を聞いたりして、値引き交渉でも何でもできると思います。

ところが、宗教になると、「人生全般」ということがテーマになります。そして、人生全般の話ということになると、「相手が話を聞いてくれるか」という問題が出てくるわけです。「そもそも、英語がろくに話せない人間に人生相談をするか」ということになりますが、これはかなり厳しいでしょう。

向こうが「英語を教えてあげようか」と言ってくることはあっても、英語で人生相談を受けるのは大変です。それほど簡単にできることではないのです。

このあたりに、まだ、もうひとつ呑み込めていない部分があるのではないかと思います。

## 人生相談に答えるには、その国の文化や歴史等の勉強が必要

アメリカ人にも、確かに、日本語がものすごくうまい人がいて、テレビにも出ています。

例えば、モルモン教徒の方で、テレビのバラエティー番組に出て、日本語を自由に駆使（くし）できるほどうまい有名人が何人かいますが、発音から話し方まで、もう日本人と変わりません。人によっては、関西訛り（かんさいなま）で話すことも可能です。文法的に間違ったギャグを飛ばすのでも、日本人的な間違い方ができるようなギャグを飛ばせるということで、もう区別がつかないぐらい上手です。

それでも、モルモン教徒が日本で信者を増やしているという話は聞きません。テレビに出ているだけでも、一応、布教にはなっているのでしょうが、彼らの流暢な日本語力をもってしても、日本人に神の道を説いたり、救済を説いたり、救いを施したりするということになると、やはり、踏み込めないところがあるのではないかと思います。

要するに、日本語の達人であっても、日本人の心の相談までは入れないわけです。

なぜかというと、そこまで入るためには、日本の文化や歴史、文学を勉強して、「日本人はどう考え、どう悩み、どう解決するのか」ということを知っていなければいけないからです。あるいは、「宗教の違いは、どういうところにあるのか」ということを、比較宗教学的にも全部勉強していないと、実は相談には乗れないのです。

教会で相談しなくても、日本の仏教もあれば、神道もあれば、あるいは、新宗教もたくさんあって、日本語で、家庭問題などの細かいところまで相談ができます。となると、外国人の日本語では、相談に乗り切れないということで、やはり、限界があるわけです。これを知らなければいけません。

## 求められるのは「一般教養レベル」ではなく「専門レベル」

宗教になると、商売で商品を売ったりサービスを提供したりするのとは違って、「人生全般の話」になります。ですから、哲学や宗教の問題は、そうとう広範囲な教養をバックグラウンドとして必要とするのです。

ということは、どういうことでしょうか。

一般教養としての宗教というのがあって、「これは外国の文化を知る上で、ある程度、知っておいたほうがよい」と一般には言われています。

例えば、キリスト教圏に行く場合には、「バックグラウンドとしてのキリスト教等は知っておいたほうがよい。ビジネス上も役に立つことがあるから」と言われるのです。

あるいは、イスラム圏だったら、タブーがあり、「ハラールと言って、イスラム法に反していないという認証を受けないと商売ができない。認証を受けたら、商売ができる」というようなこともあるので、ある程度、宗教を知っていなければいけないわけです。

ただ、外国の宗教文化をビジネス的に理解しているレベルでは、十分ではありません。宗教のプロの伝道師として、国際伝道をするというのであれば、このレベルでは足りないのです。　般教養としての比較宗教的な知識では足りず、専門として宗教を勉強していないと通じないということです。

そこまで知っていないと駄目(だめ)です。自分の考え方をただ押しつけるだけというか、〝定食メニュー〟をつくって、「Aランチ、Bランチ、Cランチと、コースは三つに決まっています。注文はどれですか」と言って注文を受けて、「はい。これが基本教義です」「はい。これが当会の基本的な精神統一の手法です」「はい。これが当会の祈りの仕方です」という感じで、ただ〝定食メニュー〟を出すだけであれば、残念ながら、現地のニーズに全部応(こた)えることはできないのです。

## 海外で質疑応答をするのはかなり難しく、そうとう勇気が要る

今はどうなっているかは知りませんが、以前、当会の国際本部を「国際局」と呼んでいた時代は、伝道する人の数も少なかったようです。そして、どうも聞いてみると、海外でセミナーを行う場合、たいてい、私の日本語説法（の収録ビデオ）に英語の字幕をつけたものを外国に持っていき、一部吹き替えもあったようですが、それをかけていたようです。

ビデオをかける前に前置きの挨拶をし、終わったあと、少しコメントをつけていたようですが、コメントの内容については、事前に英語で用意していて、それを読み上げていたようです。

「英語を話すのは、前置きの挨拶を足して合計十五分ぐらいで、あとはビデオをかけていれば済む」という感じで、国際伝道をしていたらしいのです。質疑応答も、「答えられるわけがない」ということで、終わったら、個別に呼んで、個人的に聞くというか、ほかの人には聞かせず、その人から直接質問を聞いて、ボソボソと答えるかたちだったようです。ほかの人に聞かれると間違っているのがバレたりして嫌だから、質問については、個別に聞くというわけです。

また、管理職の上のほうに、英語がそんなに得意ではない人が立っていた場合は、通訳として英語ができる人を連れて行って、日本語で話したことを英語に通訳させていたようです。質疑応答も、終わったあと、個別に呼んで、それを通訳してもらい、通訳を介して答えていたらしいのです。

現在のように、英語で直接その場で質疑応答をするというスタイルは、そうとう勇気が要るわけです。内容的にも〝外れ〟が多いので、かなり難しいのです。

ここ数年は、伝道的には、そういうかたちにもなってきつつあると思いますが、要求レベルは上がったと思います。

実際問題として、現地の人はどんな質問をしても構わないわけです。政治や経済から、人種の問題、宗教問題、家庭問題、病気の問題まで、何でも構わないわけですから、「それをぶつけられて、答えられるか」と言えば、確かに、大変勇気の要る、難しいことではあるでしょう。

「どれか一つ、自分の専門に関係することになったら、答えられる」ということで、「ビジネスのことだったら答えられる」とか、医者が伝道師になっている場合であれば、「病気のことだったら答えられる」とかいうことはあるかもしれませんが、普通は、「ほかのことについては答えられない」ということになります。

そうすると、これは、やはり、そうとう難しいことになります。

## アメリカで有名なプロの説教師でも、原稿を用意している

実際、キリスト教会では、牧師が日曜日に説法をしていますが、原稿は土曜日に書いているとよく言われています。土曜日の午前中ぐらいに原稿を書いていて、一応、原稿に基づいて話をしているらしいのです。

生で説法をしているように見せても、実際は原稿を見ている人もいます。例

えば、アメリカには、キリスト教系の新興宗教の一つだと思いますが、レイクウッド・チャーチという教会があります。

そこの牧師は有名な人で、ベストセラーも出し、また、教団が大きなホールを持っていて、そこで毎週説法をし、三万人ぐらい集めています。しかも、それをテレビでも放送しているようです。

その人でも、生で話しているように見せながら、やはり原稿がありました。机があって、その机の周りをぐるぐる動きながら話をしているのですが、ときどき、机の上の原稿を見て、それをめくりながら話をしていたのです。「説教のプロである牧師であっても、あるいは、そういう教祖であっても、『原稿なし』で話すのは、簡単なことではないのだ」ということが分かります。

## 人を感動させる言い方がうまいオバマ大統領

アメリカの大統領になると、オバマさんあたりでも、だいたいスピーチライターがいます。オバマさんのスピーチライターは、少し年を取ったでしょうが、元は二十六、七歳の人だったと思います。もう何年かやっているので、さすがに三十歳ぐらいになっているでしょうが、オバマさんは、その人が書いたスピーチ原稿に目を通しているわけです。

一応スピーチライターが書いた原稿があって、プロンプターという透明なパネルの上に原稿が出てきます。パネルは透き通っているので、聞いている人から見ると、原稿を見ずに話しているように見えるのですが、演台から見ると、字が出ているのです。そういう機械があります。

オバマさんは、いつもこれを見ながら話をしているということで、スピーチライターからクレームが出て、「いくらなんでも、六分以内のスピーチぐらいは自分でやってください」と言われているそうです。

「短いスピーチぐらい自前でやってください。長いスピーチはしかたがないので書きますが、短い、即興のスピーチぐらいは自分でやってください。短いスピーチまで原稿を要求されるのは困ります」と言われているらしいのです。

オバマさんはスピーチ上手で有名ですが、一応、原稿を読み上げているということは、やはり、「読み方が上手だ」ということです。抑揚や発声の仕方、人を感動させるような言い方がうまいわけです。

彼は、リンカンやマーティン・ルーサー・キング牧師、ケネディの演説等を研究し、「どういう演説の仕方をすれば、人を感動させられるか」ということを勉強しているので、「いかに感動的に伝えるか」という技術はそうとうあると思います。また、バイブレーションも一応あることはあります。

たたみかけて気分を盛り上げていくうまさは、そうとうなもので、歴代の大統領のなかでも、かなりうまいほうだと思いますが、それでも、内容的には、ある程度用意したものを話しています。

## 聴衆（ちょうしゅう）が多くなると感動させるのは難しくなる

オバマさんは、数万人ぐらいの規模であれば、その規模の人たちをかなり酔（よ）わせることができるというのは分かりますが、数がもっと増えて、百万人単位になってくると、事情が変わってきます。

大統領就任のとき、リンカン・メモリアルの前の大きな長四角の池がある所（ナショナル・モール）には、百万人か二百万人かが集まりましたが、さすがにオバマさんもあがってしまい、彼の演説で感動した人はあまりいなかったように見えました。やはり、人数が多くなると難しくなるのだなと思います。

これは私も分かります。会場が大きくなると、全員に共通するような話はなかなかできないので、人数が増えると難しくなるのです。人数がある程度限られていると、その人たちに合った話ができるのですが、大きくなると、それなりに難しくなってきて、自己陶酔的な話しかできなくなってくるのです。そういう難しさはあります。

## いちばん大事なのは「聴くべき内容があるかどうか」

そういうことで、大統領あるいはプロの牧師であっても、原稿がなければ、母国語であっても、三十分や一時間の説法はそう簡単にできるものではありません。この難度から見れば、「日本人が、外国語で自由に説法したり、どんな質問にも自由に答えたりするのは、そんなに簡単なことではないのだ」ということです。知識の量がそうとう要るし、語彙の量もそうとう要るのです。

外国人である日本人が英語を話す以上、文法的なミスは出てくるし、発音の間違いというか、下手なところも当然出てきます。単語を思い違いして、間違ったものを使ってしまうことも出てきます。これは、どうしても避けられない部分があって、その点はしかたがないのです。

したがって、「内容的な面で、聴くべきものがあるかどうか」ということがいちばん大事であると思います。

私が、アングロサクソン系の人たちの非常に優れた面だと思うこととして、次のようなものがあります。

彼らは、内容があるものに対しては非常に尊重するというか、言うべき内容を持っている重要なことや、大事なことを言った場合には、「英語が下手である」とか「発音が間違っている」とか「文法的にどうだ」とかいうことは抜きにして、内容的に立派なことを言った人に対して、惜しみなく拍手を送って賛同するのです。こうしたところは、彼らの偉いところであり、大人なところだと思います。

日本人の場合は、内容よりも、揚げ足取りがけっこう多く、言葉の言い間違いとか、不用意な発言とか、ちょっとした失言を捉えて、そこを攻め立てることが非常によくあります。

このあたりが、政治家が不明瞭な言葉を使ったり、官僚作文を読み上げたりする原因にもなっています。最近は、街頭演説でも言葉尻を捉えて、週刊誌や新聞が攻撃することもけっこうあるので、本音で話すことはなかなか難しくなっていると思います。

## 知識や教養の幅と深さが、説法や質疑応答の内容に表れる

「内容がある」ということは、ものすごく大事です。

そういうことで言うと、「国際伝道でプロフェッショナルになる」ということは、どういうことでしょうか。

「外国人のいろいろな悩みに答えなければいけない」ということであれば、その国にいる人でも全部が答えられるわけではないので、一応、当会の〝定食メニュー〟としての講義の内容を予定し、その内容を向こうでスプレッドしてくるのでしょうけれども、「それ以外の内容について、どこまで踏み込めるか。内容を知っているか」ということが非常に重要なことになってきます。

知識や教養の幅と深さが、結局は、説ける説法の内容や、質疑応答で答えられる内容になってくると思うのです。

「教養や専門の範囲が普通ではない」ということが大事です。「ビジネスのレベルは超えている」ということを知っておいたほうがよいでしょう。ビジネスでは一流で通用するぐらいの人でも、残念ながら、宗教家としてだったら、一流では通用しないのです。それは知っておいたほうがよいのです。それだけの難しさがあるわけです。

## 自国に対する自信を持つ「先進国」への伝道は簡単ではない

また、先進国においては、歴史や文化についての自信がそうとうありますし、「先生役として、いろいろな学問を外国に伝えた」という自信もあります。そういう高みに立っているので、彼らを折伏（しゃくぶく）するのは、そんなに簡単ではありません。そう簡単に聞いてはくれません。このあたりは知っておいたほうがよいと思います。

日本もある意味で先進国なので、これは立場を替えてみたら分かります。例えば、ダライ・ラマはときどき日本に来て、大きな会場で説法したり、質疑応答をしたり、それがテレビに流れたり、新聞に載ったりすることもありますが、ダライ・ラマの説法を聴いてチベット仏教に帰依（きえ）する人が出るかというと、出ません。「どんなことを言うのか」と関心を持って聴くことは聴くけれども、それだけではチベット仏教に帰依しないのです。それは知っておいたほうがよいと思います。そのあたりの違いがあるのです。

外国人の宣教師（せんきょうし）が来ても、それで入信する人は、やはり限られた人です。現代でも、信者がすぐには増えないところを見れば、事情は同じなのだということです。それほど難しいわけです。

私たちは、同じことを、逆に日本から外国に行ってやっているわけですから、そんなに簡単ではないということです。特に、先進国伝道にはかなりの難度があります。

## 日本と文明落差等がある地域では、教えが早く広がっている

当会の場合、信者が特に広がっている所として、ブラジルがあります。ブラジルには、昭和二十年代から四十年代にかけて、日本人が新天地を目指して、かなり渡航（とこう）しました。日本人が開拓者として農園を開きに行ったブラジルのような所では、ある程度、日本的なテイストが広がっているので、「受け入れ」があって、いろいろな宗教がすぐに広まるところがあります。ただ、そういう所ばかりではありません。

当会の教えが早く広がる所を見たら、だいたい、アジア・アフリカ地域が多いというのは事実です。そういうことはあると思います。

この前提には、やはり、「日本の国力が高く、学問や技術のレベルが一定のレベルにきているので、日本に学ぶべきことがある」ということがあると思います。

それがあって、たとえ下手な英語で話したとしても、「日本から偉いとされる人が来たら、その話を聴いたほうが、何か勉強になるのではないか」と思って、聴いてくださることもあるのでしょう。

今、アジアやアフリカで信者がそうとう増えているところを見ると、「日本に学ぶべきものがある。文明落差、学問落差、文化落差の部分がまだある」ということなのだと思うのです。

アフリカあたりに行くと、「幸福の科学の教えを学べば、これで国ができてしまう」と言ってくださる人もいます。ケニアの外交官に、そういうことを言っている人がいました。「この教えで国ができてしまいます。これに基づいて国がつくれますよ」と言っているのですが、日本人には、そういうことを感じる人はあまりいないようです。日本人には分からないようですが、外国人が私の本を読むと、「これで国がつくれてしまう」ということで、国のグランドデザインが見えてしまうこともあるわけです。

今までキリスト教文化だけしか知らなかった人、あるいは、イスラム教文化だけしか知らなかった人が、日本の今の新しい思想を見ると、「これで、新しい国がつくれる。このなかに、立国(りっこく)の精神がすべて入っているので、産業を興(おこ)して国がつくれる」というところまで分かる人もいて、アフリカあたりには、

「幸福の科学を国教化しよう」と言って、頑張っている弟子もいます。
ですから、そのあたりの総合的な問題があるということです。

## 国際伝道師には、「教義」だけでなく、「豊富な知識」が要求される

一方、ヨーロッパやアメリカの伝道は、けっこう苦戦していると思います。広がってはいますが、苦戦はしているのです。

やはり、自信を持っているエリート層たちを信者にすることは、なかなかできないようです。彼らは高学歴で教養があり、収入も高くて満足していて、できるだけ自分をレベルアップさせたいとも思っています。

例えば、教会に通うのでも、偉い人たちがよく通っているような、名のある

教会に所属することが地位を上げることになります。政治家になる人の奥さんの場合、そういう名のある教会に行って、バザーを手伝ったり、ボランティア活動をやったりすると、それが政治家である夫を後押しするプラス材料になるのです。

奥さんが宗教活動を頑張って手伝っているということが、よいこととして判定されると同時に、「その教会に所属していれば、信者の人たちが政治運動を手伝ってくれるだろう」ということも、おそらく考えているのだろうとは思います。

そういうことで、彼らは、所属する教会についてもブランドを選んでいます。「どこの教会に行ったら、自分の値打ちが上がるか」ということを十分に考えてやっているのです。

その意味では、東洋系の新しい宗教に所属するというのでは、自分たちのブランドは上がらないので、いや、むしろ、「WASP（ホワイト・アングロサクソン・プロテスタント）社会から落ちこぼれたと、周りから思われるかもしれない」と思うでしょうから、敬遠する向きはあるだろうと思います。

伝道の難しさはそうとうなものでしょう。アメリカ、イギリス、それから、直接の英語圏ではありませんが、英語の通じるヨーロッパの国々も、そう簡単ではないと思います。

やはり、「中身のあることを語る」ということが、どれほど大事かということです。基本的に当会の教義を学ぶということは非常に大事ではありますが、それに付随して、いろいろなことについての知識を豊富にしていくことが極めて大事なのです。

## 『黒帯英語』は、教養の幅を広げる上で絶好のテキスト

私は、英語のテキストを二百冊以上つくってきていますが（説法当時）、『黒帯英語』シリーズ（巻末の案内参照）では、主として、三紙の英字紙と高級英語週刊誌から大事なニュースを取り上げています。

例えば、アメリカやロシア、インド、中国、イラン、シリアなど、いろいろな所で、今、世界的に問題になっていることについて、記者の意見がピシッと書かれているようなニュースは、読むに値し、現代を知る意味での教養になるので、そういうところを取り入れているのです。

時事的なものも入れていますが、それは、世界の情勢を判断したり、自分が

意見を述べたりするときの判断材料になる教養なので、入れてあるわけです。

　ズバリ宗教英語とは思えないかもしれませんが、「時事的なことや、現在ただ今について語れる」というのは非常に大事なことです。説法をしたり、質疑応答をしたりする上では非常に大事なことなのです。

「今、世界的に何が問題になっているか。話題になっているか」を知っていることは大事なので、そういうニュースを抜き出して、入れてあります。

　それ以外に、例えば、『聖書』に関係する重要な諺や、『聖書』に関連する教養の英語を入れたり、「仏教を英語で伝えるとどうなるか」という仏教に関する英語を入れたり、あるいは、それ以外の宗教的な思想に関する英語も入れています。

　そのように、教養の幅を広げていかないと通じないところが、どうしてもあるのです。

## その国の宗教や社会問題等を熟知した「伝道師」を目指そう

幸福の科学の教えを伝えるにしても、「仏教とは違うのか」「日本の神道とは同じなのか、同じではないのか。どういうところが同じなのか」、あるいは「キリスト教と比べて、どうなのか」「古代のユダヤ教と比べて、どうなのか」「ギリシャの宗教やエジプトの宗教とは、どうなのか」ということを問われたとき、教養がなかったら、何も答えられません。

今、私の三男が、勇気を持って、アメリカ西海岸へ伝道に行っています（説法当時）。明日あたりが説法になると思いますが、「説法をして質疑応答も受ける」ということで、国際本部から見ると大変勇気の要ることをやるわけです。これも、いろいろなことを知っていないと、実は話せないわけです。

そうとう自信がないとやれないし、それを乗り切るだけの勉強もしていなければいけません。ただ、勉強が足りなくても、知力があれば、それを乗り越えることはできます。

ディベートするためには、知力が要ります。「知っている知識を組み立てながら、向こうの知識を引き出して、やり取りをしているなかで、解決策を提示していく。意見を述べる」という、知的で論理的な組み立てをする能力が必要になります。これは大変難しいことだと私も思います。いくら勉強しても終わりがないのです。

例えば、今、外国人が日本にキリスト教を伝道しに来たとしましょう。カトリックでもよいし、プロテスタントでもよいです。伝道に来ている宣教師が、日本神道や仏教の各宗派の違いについて詳しく知っていて、「空海は四国八十八箇所をつくった方で、こんな本を書いて、こういうことを言っていますね」とか、「回峰行については、こういうことが言えますね」とか、「念仏宗は、確かにキリスト教によく似ていますが、ここが違いますよ」とかいうことを見事に言ってきたら、やはり、日本人としてはけっこう参ってくるところがあるでしょう。

「日本の仏教について知っている。日本神道や伊勢神宮についても説明ができる。京都についても説明ができる。さらに、日本の新聞を読むことができ、日本のテレビのニュースも聞くことができ、『今、何が問題になっているか』ということを知っている。政治でも、『今、安倍政権がこうなって、このあたりで今調整しているところで、争いが起きている』とか、『週刊誌と新聞が戦っている』とかいう、時事的なニュースを知っている。『何が問題になって、論点になっているか』ということも知っている」という人が現れて、キリスト教の勧誘をしてきたとき、どうなるでしょうか。

その宣教師が、自分の思っていることや社会の問題についていろいろと答えたら、あるいは、ビジネスについての悩みで、「今の赤字経営はどうすれば脱することができますか」と訊かれて、それについて、「ドラッカーを読めば、こういうふうに書いてあるよね」とパッと言ったら、驚愕は驚愕でしょう。

プロテスタントの牧師が、「ドラッカー経営を使えば、あなたの会社は今、やり方をこう変えなければいけない」と言ってきたならば、衝撃は衝撃でしょう。そういう人であれば、あるいは、日本の経営者であっても、キリスト教に入信してしまう可能性はないわけではないと思います。

## 5　宗教における「世界共通のルール」とは

### 「教義論争はしない」というのが、大きな流れになっている

教義だけを言うと、どの宗教にも不思議なところはあります。古くなったら、もう固まってしまっていて、みな、そう刷り込まれているから、当たり前かと思いやすいのですが、「古いから正しい」とは言えないのです。

そこで、「ほかの宗教に対しては、基本的に、教義についての論争はやめよう」というのが、大きな流れになっています。宗教間では言わないことにして

いるのです。お互いに、よそのところの教えはみなおかしく見え、あまり言うと喧嘩にしかならないので、大人な態度を取って、ほどほどのところで、言わないことにしているわけです。

「教義論争をやったら終わりがない」というのは分かっていて、創価学会でさえ、昔は「ほかの宗教は全部間違いだ。邪教だ」と言って、折伏大行進をやっていましたが、今はさすがにもう言わなくなってきています。教義論争をやると、どこにも、おかしく見えるところはあるのです。

## 仏教徒には、『聖書』のアダムとイブの話は納得できないだろう

例えば、キリスト教であれば、いろいろな宗派はありますが、みな、『旧約

聖書』を読んでいるので、「昔、神様は土をこねて人形(ひとがた)をつくり、それに息を吹き込んで、アダムという男の人間を創った。一人だけでは寂(さび)しかろうと思って、肋骨(ろっこつ)の一部を取り、そこからイブを創った。そして、夫婦ができた。これが人類の始まりである」ということを、教養として習っているでしょう。

これを、仏教徒が読んで、まともに捉(とら)えたら、やはり「本当ですか？」と言うでしょう。「土をこねて人体をつくり、アダムの骨を取って、それからイブを創ったというのは、仏教的には納得がいきません」というところは、おそらくあるだろうと思います。

しかし、そういうことで争わないのが大人の知恵で、もう黙っています。「古いから正しい」とか「古いから認められている」とか考えるのは間違いで、みな言い争うことの愚(ぐ)を悟って、言わないだけのことなのです。

ですから、実際は、仏教徒は納得していないし、ヒンドゥー教徒も納得していないだろうと思います。

逆のことも言えます。逆に、キリスト教徒から見れば、「仏教のここがおかしい」ということは言えると思います。

## イスラム教徒はダンテの『神曲』に納得しないと思われる

また、キリスト教徒から言えば、イスラム教は残酷な宗教であって、「人殺しは平気でやって、何千人も人を殺すようなテロリスト集団の総元締めである。一部の過激派だけが今、注目されているが、本山というか、イスラム教の本丸のほうも怪しいのではないか」と思って、本当は疑っています。

ダンテの『神曲』には、「ムハンマド（マホメット）も、四代目カリフのアリーも、地獄の最深部でのたうちまわっている」というようなことが書かれています。イスラム教徒は読んでいないでしょうが、もし読んだら、刀を持って追いかけていくような内容だろうと思います。ダンテが現代に生きていたら、絶対に殺されているはずです。刺し殺されているような内容なのです。彼は、そういうことを平気で書いています。

『神曲』は、キリスト教文学としては、〝公式文書〟として、焚書されずに遺っています。そこでは、イスラム教の立役者たちは、みな、地獄の底に堕ちていることになっているため、キリスト教徒のなかには、「イスラム教は悪魔の教えである」と言う人もいるわけです。いまだに消されずに遺っているわけですが、イスラム教徒の人たちは、それを知ったら、そう簡単に納得しないでしよう。

## 「この山動きて海に入れ」と言って、動かせなかったムハンマド

イスラム教徒は、イエスの奇跡について話半分に聞いているかもしれませんが、ムハンマドは、イエスのまねをしてやってみたという話があります。「イエスは、『この山動きて海に入れと言えば、しかなるべし』と言っている。『山に動けと命じたら、海に入る』とイエスが言っているから、わしもやってみようか」と言って、「あの山、動け！　こっちへ歩いてこい！」と命じたところ、山は全然動かず、「山はどうも機嫌が悪くて、動かないようだ。山が動いてこない以上、わしのほうが動くことにする」と言って、自分から山のほう

に歩いていったという話があります。まあ、「山が近づいてくる」という意味では、結論的には同じになりますが。

こんな話を知ったら、キリスト教徒は、「それ見たことか。何も奇跡が起きないではないか。イスラム教はインチキだ」ということは言えるでしょう。

私は、ムハンマドもユーモアがある人なのだろうと善意に解釈することにしています。

## 信仰の力で、山を動かせたキリスト教徒も一人もいない

ただ、イエスは「この山動きて海に入れと言えば、しかなるべし」と言っていますが、実際にそれをやった人は、キリスト教徒にはいません。今のところ、

山に入れと命じて、海に入れた人は、イエスも含めて誰一人いないのです。当会の名誉顧問だった私の父の善川三朗も、昔、私にこう言っていました。「川島町の山も、ショベルカーが来て崩したら、平坦な地になって、そこに老人ホームが建っている。山を崩して土地を均すことはできるから、そういう意味なのだろう」と。

極めて唯物論的ですが、そういうことを言っていました（笑）。「山を崩して移すことができるけど、当時も、できただろう」とかいうようなことを言っていたのです。非常に合理的な解釈ではあります。確かに、現代の機器を使えばそれはできますが、イエスの時代は、そう簡単なことではなかっただろうと思います。

あるいは、中国の古典には、大きな山を崩そうと、モッコで土を海に運ぶという故事が出てきます。

周りの人は、「そんなことをしたって、山を崩したりできないよ。バカバカしい話だ。一生かけてもできないよ」と言って笑うのですが、「私一代ではできないかもしれないが、三代ぐらいかけてやったら、できるかもしれない」と答えるのです。そして、山をなくして平らにしたという故事が中国には出てきます。

このあたりが、イエスの話とつながっているかどうかは知りません。おそらくつながっていないだろうと思いますが、このように、人間の力でもできることはできます。

信仰の力でできたのかどうか。あるいは、モーセが紅海を割った話に比肩するような話として、書いたのかどうか。それは分かりませんが、そういう話が遺っています。

## ムハンマドがエルサレムで昇天（しょうてん）した話にまつわる疑問

また、イエスが復活して昇天（しょうてん）した話もありますが、天に昇（のぼ）った話はムハンマドにもあります。ムハンマドが天に昇ったのはエルサレムです。そこで、イスラム教も、そこを聖地にしています。エルサレムは、ユダヤ教、キリスト教、イスラム教という三つの大きな宗教の聖地になっているのです。

歴史的に見る限り、ムハンマドがエルサレムに入城したという事実はないように思うのですが、話としては、「エルサレムの、いわゆる『嘆（なげ）きの壁』があるあたりに、高楼（こうろう）のようなものがあり、そこから、ムハンマドは、ピーターパンのように天国に飛んで行った」という話が、一応遺っています。

それで、エルサレムもイスラム教の聖地になり、エルサレム奪還のため、十字軍の戦いが延々と続いたわけですが、実際は、ムハンマドはエルサレムに行っていないと思われます。

メッカで生まれて、そこで宗教を起こして迫害され、北のほうのメジナに逃れ、そこで攻防戦をやり、そうとう戦争をやって、最後、勝ってメッカに上り、二年ぐらいで死んでいます。エルサレムに行って〝空中浮揚〟をして〝ピーターパン〟をやっている暇は、おそらくなかったと思われるのですが、そういう話も入っているため、エルサレムが聖地になっているのです。

そういうことがあって、宗教というのは、お互い、ほかの教義について言うと、「ちょっと信じられない」ということになるのです。

## 「仏陀はマヤ夫人の脇の下から生まれた」という神話の解釈

キリスト教から仏教を見れば、どうでしょうか。「『仏陀という人は、断食して、修行して、そして悟りを開いた』というが、これではただの人間ではないか。『人間が、神の代役のような仏になる』というが、人間が仏や神になるという話は、キリスト教ではあまり聞かない。神は神だ。人間は人間だ。神と人間は別なのだ。神人は別である」という考えになります。

「『修行したら、みな仏になれる』という話もあるが、みな神になったら大変なことになる。そんなバカな話はない」というように、教義にケチをつけることはできると思います。「それはおかしい」ということです。

ところが、仏教のほうから言ったら、そうは言っても、お釈迦様は、マヤ夫人の右脇の下から生まれたことになっています。一応、正統な生まれ方ではありませんが、少なくとも、女性から生まれたということです。

生まれる場所が少し違うような気がしますけれども、普通のところから生まれたら、お釈迦様にしては、あまり上品ではないから、そう言ったのかもしれません。

ただ、右脇の下というのは、古代の『ヴェーダ』から見ると、意味があるのです。『ヴェーダ』には、口は「バラモン（僧侶階級）」、腕は「クシャトリヤ（武士階級）」、腿は「バイシャ（商人階級）」で、その下の足の部分は「シュードラ（奴隷階級）」に当たるという思想があります。お釈迦様は武士階級に生まれているので、実は、腕のところに当たるのです。

要するに、「脇の下から生まれたというのは、クシャトリヤから生まれて、仏になった」ということを象徴しているわけです。

また、仏教学者の中村元（はじめ）は、「インドの女性は、右手で赤ん坊を抱（かか）えて歩いたりしているから、そのことを言っているのではないか」ということを言っています。

そういう人もいますが、お釈迦様は、マヤ夫人の右脇の下から生まれたことに、神話（しんわ）的にはなっています。そういう意味で、仏教は、生物学的に少しおかしいのですが、一応、人間の女性から生まれたことになっています。

## 不合理に見える話のなかには、象徴的な意味合いが込められている

一方、キリスト教を見ると、イエスは処女マリアから生まれたことになっています。

これに対しては、「いくら何でも、蛙ではあるまいし、そんなことはないだろう。蛙には単為生殖というものがあって、卵に針で刺激を与えたらオタマジャクシが生まれることはあるが、人間が夫婦にならず、男女の精子と卵子の結合なくして子供が生まれるなんていうのは聞いたことがない」と言うでしょう。

キリスト教から言えば、「いや、聞いたことがないからこそ、イエスは神のひとり子なのだ。ありえないことだから、神のひとり子なのだ。普通の生まれ

方ではないことこそ、この人が神の子である証明なのだ」と、逆転して言うわけです。

仏教から言えば、「さすがに、それはないでしょう。処女マリアから生まれたというのは、頭から、人間を騙していうのではないですか。そういう話をつくらなければいけないのは、おかしいではないですか」となるでしょう。

「お釈迦様の場合は、兜率天という高級神霊がいるところから、白象の姿をとって霊体が夢のなかで宿り、それで、マヤ夫人から生まれた」ということがはっきりと書かれているので、「マヤ夫人は、シュッドーダナ王と結婚していたけれども、イエスが処女から生まれたのは証明できるのか」というわけです。

それに対して、「だからこそ、神のひとり子なのだ。ほかの人間とは全然違うのだ」と強弁もできるでしょうが、そのように、教義のところであまり争うと、きりがないのです。

そこで、よその宗教は、みな、おかしく見えることはあるでしょうが、それについては一定以上、口を出さないところで止めるのが、大人の知恵だし、宗教に絡む紛争を止めるための方法であるのです。

ですから、現在ただ今、その考えを認めることで、いろいろな犯罪につながったり、社会的な問題になったりするような場合には、常識を用いて、それを止めなければいけないと思いますが、オリジナルな教義について、「あそこが変だ」「ここが変だ」ということを、成立した年代の違う宗教同士が言いすぎるのは、やはり問題があるのではないかと思います。

例えば、イエスが生まれるとき、東方の三博士が、「ベツレヘムの方向に、救世主、メシアが生まれる」と言って、星を見ながら探しに来ましたが、「星が、イエスが生まれた馬小屋の上で、止まったまま動かなくなった」などということは、天文学的にはありえません。

地球が自転、公転している以上、星は絶対に動きます。カメラでずーっと撮っていれば、星が、円形に動いていることが分かります。星が動かないということはありえないのです。あるとしたら、ＵＦＯが停まっていた以外に考えようがないですが、そういうことが、平気で『聖書』には載っています。

ただ、それを削除するという話は一応ありません。その程度の〝脚色〟をつけないと、「救世主が生まれた」という話にはならないのでしょう。

これについて、ほかの宗教があれこれ言うことは基本的にないと思いますが、そういうものは不合理に見えても、その不合理なもののなかに、実は神秘的な、象徴的な意味が込められているのです。「『それほど、天地を揺るがすような事件であって、多くの人たちが注目するような事件であったのだ』ということを言いたい」というように理解しなければいけないわけです。

# 6 「学問の自由」「信教の自由」を侵してはならない

## 証拠はないが、記録は遺っている「アトランティス大陸」

例えば、幸福の科学大学を建てるに当たって、基本教義を説くと、「それは学問的に正しいのかどうか」「考古学的に見て、そういうことがあったのかどうか」というようなことを訊かれるようです。

私の著書『太陽の法』（幸福の科学出版刊）には、アトランティスやムーなど、古代文明の話がたくさん出てきていますが、このあたりについて、考古学的な証拠は何もありません。

ただ、「アトランティスが沈んだ」という話はあって、プラトンも著書（『クリティアス』『ティマイオス』）のなかに書いています。エジプトの神官から聞いた話として、「プラトンの時代から九千年ほど前、大西洋に大きな大陸があったが、一夜にして沈没した」ということを記録しているのです。

けれども、考古学的証拠はないし、「沈んだ」と言われる所は、今はものすごく深い海底になっていますから、調べようがありません。ですから、証拠はありませんが、プラトンの記述はあるのです。

この九千年前という記述について、竹内均という地球物理学者は、生前、「どうせ書き間違いだろう」と勝手に言い出し、「九百年前にすると、ちょうど、地中海のサントリーニ島で火山の爆発があった。かつてはコニーデ型の火山で、円形の島だったが、それが水没したのだ。そういう証拠はある。これをアトランティスの沈没だと考えれば、分かりやすい」という説を唱えていました。

九千年と書いてあるものを、勝手に九百年に直すことが、よいことかどうかは分かりません。考古学的には、証拠として、「そこで大きな爆発があって、沈んだ」という事実があるのは分かりますが、そちらを優先して、元のほうを消してしまうのが、はたして、よいことかどうかは分かりません。

## 宗教の神話や伝承に外部の人が口を挟むのは、大人の態度ではない

幸福の科学大学では、ピラミッド（型の大講堂）もつくっています。

『太陽の法』のなかには、「エジプトのピラミッドの前には、アトランティスにピラミッドがあった。アトランティスのときには、神として生まれたトス神がいて、ピラミッド文明が開けていた」という神話が書かれているので、その象徴として、ピラミッドも大学に建てているのです。

これについても、学問的に言えば、「そんな証拠はない。ピラミッドなんか建てるのはおかしい。トス神なんていうのもおかしい。そんなものは認められていない」と言うことはできるでしょう。

ただ、トスに当たる「トート」という人は、エジプトの古代文字のなかに、はっきりと出てきます。学問の神として、トート自体は出ているのです。少なくとも、古代エジプトというか、エジプト文明の始まる頃、今から一万年近い、何千年か前ぐらいには、「トートの神がいたらしい」ということが、歴史的な証拠として、ヒエログリフに遺っています。トキの顔をして、善悪をはかる秤を持った姿として、トートの神が描かれていますが、これを「トス」と呼んでいるわけです。

それだけで見れば、トスはエジプトの人のようにも見えますが、私は、「エジプトの前の文明の人である」と言っているわけです。

これは、学問的には確定できないことではあるでしょうが、「だから、それは間違っている」というような言い方を持ってきて、「こんなことを基本教義にする宗教は間違っている」と言うなら、それは先ほどに述べたように、「ほかの宗教だって、みな同じですよ」ということです。

どの宗教も、〝おかしいもの〟はたくさん持っています。こういうものについては、慎重を期して、口を挟まないということが、やはり、宗教家としての態度なのではないでしょうか。

学問的にも、「神話学や宗教の伝承については、そう書かれているが、象徴的に解釈するか、事実として解釈するかは別として、それについて、全体を否定する材料としてはあまり使わない」というのが、世界共通の態度なのではないかと思います。

幸福の科学大学を建てるに当たり、「ピラミッドを建てて、アトランティスだとか、トスだとかと言っているのがおかしい」というような論調で、「そういうことを教えては相成らん。そういうものを全部取り除いて、現在に遺っている仏教学やキリスト教学だけに基づいて教えなさい」と言うのであれば、これは明らかに、宗教に対する介入になるし、学問の自由への侵害になるでしょう。

学問にも、仮説は数多くあります。私たちは、仮説ではなく、何らかの霊的な証拠、宗教的根拠があって言っているので、これについて、外の側から意見を言いすぎるのは、やはり問題だと思います。

## よい宗教か、悪い宗教かは「果実」を見れば分かる

そういうことについて、外側から意見を言いすぎるべきではありませんが、果実として生んだものについて、そのよし悪しを判断することは、現代にいる人にもできるでしょう。

これは、イエスが言っているとおりです。「その木がよい木か悪い木かは、その木が結んだ果実を見れば、分かる」と語っています。つまり、「よい宗教

か、悪い宗教かを判定する基準は実際はないけれども、それが生んだ果実を見れば、分かる」ということです。

例えば、「その宗教を信じている人がみな、集団自殺をしてしまった」というのを見たら、「少しおかしい」という感じはするでしょう。

当会は、ＵＦＯについても言及しています。宇宙にはこれだけ星があるので、地球に似た文明があってもおかしくありません。地球と同じぐらいの水や土、あるいは空気がある星があっても全然おかしくないので、文明を持った者がいて、彼らが地球に来ていたとしても、全然おかしくはないと思います。

それだけであれば、宇宙人のことを言っていても、おかしくないと思いますが、以前、アメリカでヘブンズ・ゲート事件というのがありました。ＵＦＯ信仰の新興宗教だったのですが、「地球はもう終わりになるから、霊になってＵ

ＦＯに乗り、地球外に逃げるんだ」と言って、集団自殺をした事件です。

また、ガイアナ人民テンプル事件というのもあり、アメリカの新興宗教の信者たちが中南米に移住して、千人近くが集団自殺をしました。

このような、集団で自殺をするという結果・果実を見れば、「それらの宗教は、ややおかしかったのではないか」ということは言えるでしょう。

## 文科省が教義に介入することは、明らかに「宗教弾圧」

「ＵＦＯはあるか。宇宙人はいるか」ということは、学問的にも、あるいは、宗教的にも議論のあるところだと思います。

もちろん、結果として見て、多くの人を不幸にする結果や、事件性がある結果をもたらすようであれば、問題があると思いますけれども、「それ以前の立論として、いろいろな考え方がありうる」ということを述べるのは、決して、おかしいことでも何でもないと私は考えるのです。

したがって、もし、ここまで、文部科学省なり、他大学の学者なりが口を出してくるならば、それはやはり、「学問の自由や信教の自由に、大きな介入をしている」ということになります。

憲法では、国家と宗教の政教分離ということで、「国家権力は、宗教に対して弾圧を加えてはならない。介入してはならない」ということを言っていますが、それは、税金の問題だけではありません。国家が宗教の教義に介入し、「ここのところが間違っている。この教義を変えなさい」と言うようなことは、明らかに、宗教に対する弾圧なのです。

幸福の科学は、公益法人としてきちんと認証されて活動している宗教ですし、現代の日本においては、影響力の非常に強い宗教で、新聞など、いろいろなマスコミもそうとうな影響を受けています。幸福の科学の思想に基づいて、国の政治にもそうとうな影響が出ています。そのくらいの影響力があるため、むしろ、新聞などのマスコミに訊いたら、「幸福の科学大学をつくるのですか？それならマスコミ学もつくれるでしょう」と言うくらいだと思います。

マスコミの人に訊いたら、おそらく、「幸福の科学大学に、マスコミ学やジャーナリズム学があっても不思議ではありません。そういうことはできるでしょうね。幸福の科学は、そのくらいの意見を言っています。ですから、各種マスコミをきちんと分析(ぶんせき)して、学問化できるぐらいの力は、おそらくお持ちでしょう」と言うだろうと思うのです。

現在、当会は、そのくらいの社会的信用があると考えます。

## 五官(ごかん)を超えた世界に、もっと大きな真理の世界がある

学問性ということを、単なる考古学的なものや文献学的なものと捉(とら)えるのは、要するに、「現代以外のものについて探究することは不可能である」と言っているのと、ほとんど同じです。しかし、古くなればなるほど分からなくなるので、探究することは不可能になってきます。

あるいは、「五官(ごかん)で感知できないものは存在しない」と言うのは、基本的に、仏教の教えに反しています。

仏陀の教えは、次のようなものです。

「眼・耳・鼻・舌・身という『五官』、あるいは、意を加えた『六官』でつかむことのできるこの世の世界が、すべてではない。五官でつかまえられる、この世での自己認識を捨てなさい。それが自分だと思う考え方を捨てなさい。

あるいは、この世にある物とか、お金とか、人体とか、異性とか、財産とか、家とか、きょうだいとか、子供や家族とか、こうした、この世のものへの執着は捨てなさい。

その執着を捨てて、『五官を超えた世界が、本当の自分の世界なのだ』ということを知らなかったら、悟りを得ることはできないし、自由になることはできないのだ」。

このように、真なる仏教は、「真理は汝を自由ならしめん」と説いているキリスト教と同じで、「真理を知ることによって、この世の束縛から逃れて、自由になれる」ということを教えているのです。

ですから、仏陀の教えから見れば、「五官を通じてでしか真理は発見できない」という科学は、残念ながら、この世限りの狭い世界観しか持っていません。科学は、その狭い世界観のなかに、仏教という教えを閉じ込めようとしていますが、実は無駄なことで、仏教は、「そこから離れることをもって、真理の世界に入れ」と言っているのです。「もっと大きな真理の世界があるのだ。大空があるのだ。そこに舞い上がれ」ということを言っているわけです。

仏教の教えから見ても、「肉体の五官を通じてしか真理は得られない」という考え方は間違いであると、はっきり言えます。五官を超えたものを否定するのであれば、それは仏教を否定することと同じであるのです。

宗教は、物質的なものだけではなく、精神的な世界を探究しているものです。

哲学や宗教は、精神的な作用を探究しているので、観念論的なもの、あるいは、観念論を超えた世界にまで話は入っていきますが、それを一つの考える材料・研究材料とすることによって、人々は、何らかの心の糧を得、幸福になることを得、心の安心立命と言いますか、そうした安定を得ることができるのです。

「それが、宗教の公益性なのだ」ということを知ることが大事ではないでしょうか。

## 「プロの伝道師」を目指して、探究を続けていく姿勢を持て

今日は、語学の話から、海外伝道、国際伝道の難しさの話をしました。とにかく、いろいろなことを勉強しなければ、本物の「プロの伝道師」にはなれな

いのだということです。

道は無限です。

腰が引けていたり、怯えていたり、恥ずかしがったりしていては駄目です。そして、いろいろなことを知っていることや、いろいろなところまで探究を続けていく姿勢が大事であると思います。

これが、「国際伝道を志す者たちへの外国語学習のヒント」です。

## あとがき

日本では、ビジネス戦士の上級英語とは、大体、TOEIC九百点以上、英検一級、国連英検A級、特A級、通訳ガイド資格あたりに手が届くぐらいであろう。もちろん、これらの資格も日本人としてはかなり英語ができるレベルではある。

今から三十年あまり前、大手総合商社のニューヨーク本社で働いていた時分、ウォールストリートのアメリカン・エリートと戦うためには、私も当然このレベルには到達していた。

しかし、五十歳の手習いともいうべきか、宗教家としてもう一度英語の勉強をやり直すにあたっては、こんなレベルではとても通用しないことを悟った。
今、教団全体の英語力をレベルアップするため、二百数十冊の英語テキストを刊行しているが、はっきり言ってネイティブの知識人を宗教的に論破するレベルを目指しているため、日本人が学校＋英会話スクールで学んでいるレベルの数倍から十倍は難しい。新しい大学に込められた熱意も、そのぐらいはある。この英語力は、国家の競争力と成長戦略にも寄与すると信じている。

二〇一四年　九月二日

幸福の科学グループ創始者兼総裁
幸福の科学大学創立者　大川隆法

『国際伝道を志す者たちへの外国語学習のヒント』大川隆法著作関連書籍

『太陽の法』（幸福の科学出版刊）

『プロフェッショナルとしての国際ビジネスマンの条件』（同右）

『英語が開く「人生論」「仕事論」』（同右）

『黒帯英語への道』（全十巻・宗教法人幸福の科学刊）

※左記は書店では取り扱っておりません。最寄りの精舎・支部・拠点までお問い合わせください。

『黒帯英語初級』（全十巻・同右）

『黒帯英語二段』（全十巻・同右）

『黒帯英語三段』（①〜⑥・同右）

国際伝道を志す者たちへの外国語学習のヒント

2014年 9月 3日　初版第1刷

著　者　　大川隆法

発行所　　幸福の科学出版株式会社

〒107-0052 東京都港区赤坂2丁目10番14号
TEL(03)5573-7700
http://www.irhpress.co.jp/

印刷・製本　株式会社 東京研文社

落丁・乱丁本はおとりかえいたします

ISBN 978-4-86395-546-2 C0082

大川隆法 編著

# 『黒帯英語』シリーズ

洗練された上流英語で、斬れる英語の有段者となるためのマスト・テキスト。
英字新聞や高級英語週刊誌のメジャー記事、テレビドラマや映画、
通常の英会話からビジネス英会話など、多様なソースから構成。
いろいろなジャンルの一流英語が学べ、真の国際教養を身につけられる。

## 黒帯英語への道【全10巻】

英検準1級、1級、国連英検A級、特A級、ガイド試験、TOEIC730～900点台を目指す人へ。

CD（①のみ）

## 黒帯英語初段【全10巻】

英検1級や通訳ガイド、TOEIC900～990点満点、国連英検A級、特A級、英米一流大学あるいは大学院入学（TOEFL iBT100～120点台）を目指す人へ。

CD（①～⑩）

# 黒帯英語二段
## 【全10巻】

CD（①～⑥）
※⑦～⑩順次
発刊予定

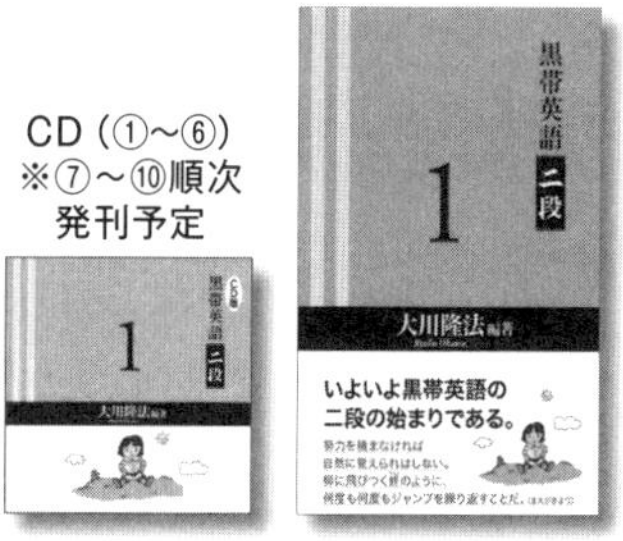


日本人がネイティブに対して引け目を感じることのない、英語上級者を目指す。応用例やヒネリを入れた英文例を満載。教養ある会話を英語で楽しみたい人へ。

# 黒帯英語三段
## 【①～⑥】

英米のインテリ層にも勝るプロフェッショナルな言い回しができるようになることを目指す人へ。

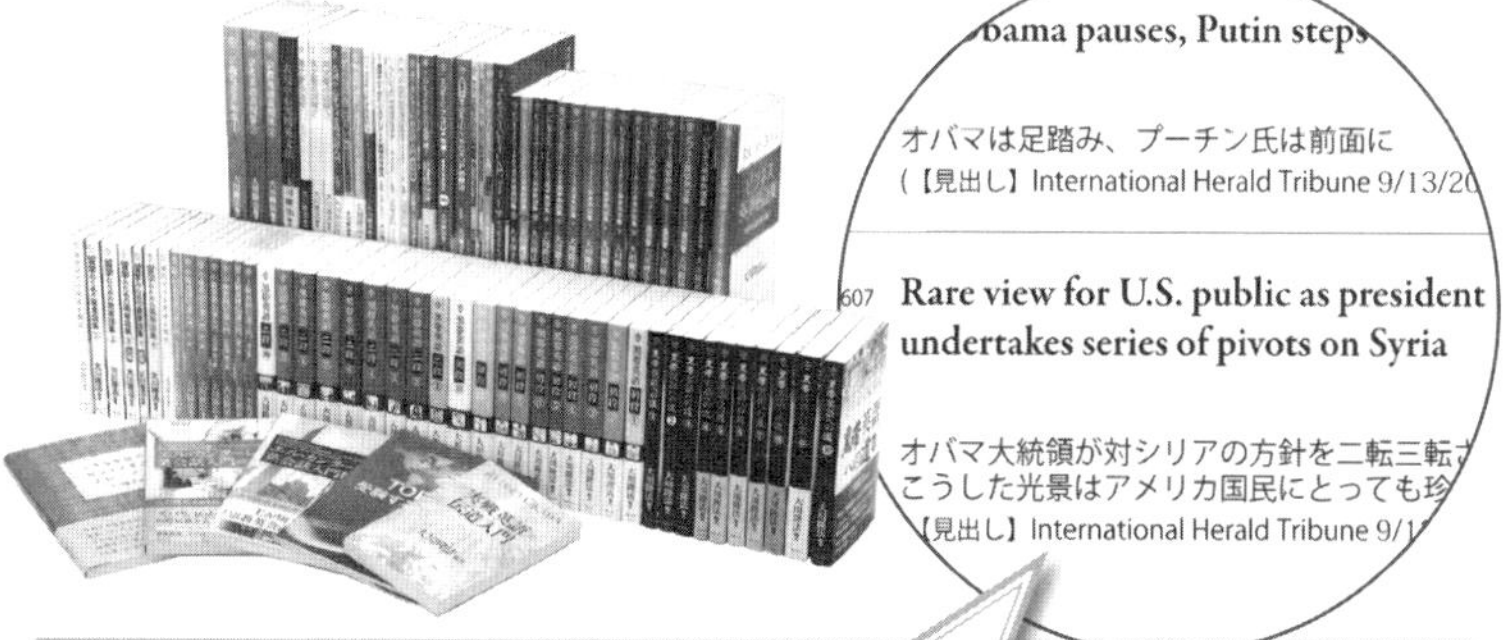
bama pauses, Putin steps
オバマは足踏み、プーチン氏は前面に
（【見出し】International Herald Tribune 9/13/20
607 Rare view for U.S. public as president undertakes series of pivots on Syria
オバマ大統領が対シリアの方針を二転三転さ
こうした光景はアメリカ国民にとっても珍
【見出し】International Herald Tribune 9/1

『黒帯英語二段③』より本文見本。上記は、「アメリカは世界の警察官ではない」とした、シリアに関するオバマ大統領の演説(2013/09/10)後の英字新聞記事を取り上げた一節。

## プロフェッショナルとしての国際ビジネスマンの条件

実用英語だけでは、国際社会で通用しない！ 語学力と教養を兼ね備えた真の国際人を目指し、日本人が世界で活躍するための心構えを語る。

1,500円

## 英語が開く「人生論」「仕事論」

### 知的幸福実現論

あなたの英語力が、この国の未来を救う！ 国際的な視野と交渉力を身につけ、英語力を飛躍的にアップさせる秘訣が満載。

1,400円

## 大川総裁の読書力

### 知的自己実現メソッド

1600冊を超える著作を生み出した驚異の知的生活とは。第8章「努力の習慣が身につく語学の勉強」では英語学習のメリットが説かれている。

1,400円

※表示価格は本体価格(税別)です。

## 大川隆法ベストセラーズ・霊言で学ぶ、英語上達への道

# 渡部昇一流・潜在意識成功法

**「どうしたら英語ができるようになるのか」とともに**

英語学の大家にして希代の評論家・渡部昇一氏の守護霊が語った「人生成功」と「英語上達」のポイント。「知的自己実現」の真髄がここにある。

1,600円

---

# 英語界の巨人・斎藤秀三郎が伝授する英語達人への道

英語で悩む日本人、必読！　明治・大正期の英語学界の巨人・斎藤秀三郎に、海外留学することなく「使える英語」を修得する道を学ぶ。

1,400円

# 実戦英語仕事学

**木村智重 著**

国際社会でリーダー人材になるために欠かせない「実戦英語」の修得法を、幸福の科学学園理事長・木村智重が明かす。

1,200円

# 幸福の科学学園・教育の特色

## 「徳ある英才」の創造

教科「宗教」で真理を学び、行事や部活動、寮を含めた学校生活全体で実修して、ノーブレス・オブリージ(高貴なる義務)を果たす「徳ある英才」を育てていきます。

体育祭

## 天分を伸ばす「創造性教育」

教科「探究創造」で、偉人学習に力を入れると共に、日本文化や国際コミュニケーションなどの教養教育を施すことで、各自が自分の使命・理想像を発見できるよう導きます。さらに高大連携教育で、知識のみならず、知識の応用能力も磨き、企業家精神も養成します。芸術面にも力を入れます。

探究創造科発表会

## 一人ひとりの進度に合わせた「きめ細やかな進学指導」

熱意溢れる上質の授業をベースに、一人ひとりの強みと弱みを分析して対策を立てます。強みを伸ばす「特別講習」や、弱点を分かるところまでさかのぼって克服する「補講」や「個別指導」で、第一志望に合格する進学指導を実現します。

授業の様子

## 自立心と友情を育てる「寮制」

寮は、真なる自立を促し、信じ合える仲間をつくる場です。親元を離れ、団体生活を送ることで、縦・横の関係を学び、力強い自立心と友情、社会性を養います。

毎朝夕のお祈りの時間

# 幸福の科学学園の進学指導

## 1 英数先行型授業

受験に大切な英語と数学を特に重視。「わかる」(解法理解)まで教え、「できる」(解法応用)、「点がとれる」(スピード訓練)まで繰り返し演習しながら、高校三年間の内容を高校二年までにマスター。高校二年からの文理別科目も余裕で仕上げられる効率的学習設計です。

## 2 習熟度別授業

英語・数学は、中学一年から習熟度別クラス編成による授業を実施。生徒のレベルに応じてきめ細やかに指導します。各教科ごとに作成された学習計画と、合格までのロードマップに基づいて、大学受験に向けた学力強化を図ります。

## 3 基礎力強化の補講と個別指導

基礎レベルの強化が必要な生徒には、放課後や夕食後の時間に、英数中心の補講を実施。特に数学においては、授業の中で行われる確認テストで合格に満たない場合は、できるまで徹底した補講を行います。さらに、カフェテリアなどでの質疑対応の形で個別指導も行います。

## 4 特別講習

夏期・冬期の休業中には、中学一年から高校二年まで、特別講習を実施。中学生は国・数・英の三教科を中心に、高校一年からは五教科でそれぞれ実力別に分けた講座を開講し、実力養成を図ります。高校二年からは、春期講習会も実施し、大学受験に向けて、より強化します。

## 5 幸福の科学大学(仮称・設置認可申請中)への進学

二〇一五年四月開学予定の幸福の科学大学への進学を目指す生徒を対象に、推薦制度を設ける予定です。留学用英語や専門基礎の先取りなど、社会で役立つ学問の基礎を指導します。

授業の様子

**詳しい内容、パンフレット、募集要項のお申し込みは下記まで。**

**幸福の科学学園 関西中学校・高等学校**

〒520-0248
滋賀県大津市仰木の里東2-16-1
TEL.077-573-7774
FAX.077-573-7775
[公式サイト]
www.kansai.happy-science.ac.jp
[お問い合わせ]
info-kansai@happy-science.ac.jp

**幸福の科学学園 中学校・高等学校**

〒329-3434
栃木県那須郡那須町梁瀬 487-1
TEL.0287-75-7777
FAX.0287-75-7779
[公式サイト]
www.happy-science.ac.jp
[お問い合わせ]
info-js@happy-science.ac.jp

仏法真理塾

# サクセスNo.1

未来の菩薩を育て、仏国土ユートピアを目指す！

## 仏法真理塾「サクセスNo.1」とは

宗教法人幸福の科学による信仰教育の機関です。信仰教育・徳育にウエイトを置きつつ、将来、社会人として活躍するための学力養成にも力を注いでいます。

サクセスNo.1 東京本校（戸越精舎内）

「サクセスNo.1」のねらいには、「仏法真理と子どもの教育面での成長とを一体化させる」ということが根本にあるのです。

大川隆法総裁　御法話『サクセスNo.1』の精神」より

# 仏法真理塾「サクセスNo.1」の教育について

## 信仰教育が育む健全な心

御法話拝聴や祈願、経典の学習会などを通して、仏の子としての「正しい心」を学びます。

## 学業修行で学力を伸ばす

忍耐力や集中力、克己心を磨き、努力によって道を拓く喜びを体得します。

## 法友との交流で友情を築く

塾生同士の交流も活発です。お互いに信仰の価値観を共有するなかで、深い友情が育まれます。

●サクセスNo.1は全国に、本校・拠点・支部校を展開しています。

| | | |
|---|---|---|
| 東京本校 | TEL.03-5750-0747 | FAX.03-5750-0737 |
| 名古屋本校 | TEL.052-930-6389 | FAX.052-930-6390 |
| 大阪本校 | TEL.06-6271-7787 | FAX.06-6271-7831 |
| 京滋本校 | TEL.075-694-1777 | FAX.075-661-8864 |
| 神戸本校 | TEL.078-381-6227 | FAX.078-381-6228 |
| 西東京本校 | TEL.042-643-0722 | FAX.042-643-0723 |
| 札幌本校 | TEL.011-768-7734 | FAX.011-768-7738 |
| 福岡本校 | TEL.092-732-7200 | FAX.092-732-7110 |
| 宇都宮本校 | TEL.028-611-4780 | FAX.028-611-4781 |
| 高松本校 | TEL.087-811-2775 | FAX.087-821-9177 |
| 沖縄本校 | TEL.098-917-0472 | FAX.098-917-0473 |
| 広島拠点 | TEL.090-4913-7771 | FAX.082-533-7733 |
| 岡山本校 | TEL.086-207-2070 | FAX.086-207-2033 |
| 北陸拠点 | TEL.080-3460-3754 | FAX.076-464-1341 |
| 大宮拠点 | TEL.048-778-9047 | FAX.048-778-9047 |

全国支部校のお問い合わせは、
サクセスNo.1 東京本校(TEL. 03-5750-0747)まで。

メール info@success.irh.jp

# エンゼルプランV

信仰教育をベースに、知育や創造活動も行っています。

信仰に基づいて、幼児の心を豊かに育む情操教育を行っています。また、知育や創造活動を通して、ひとりひとりの子どもの個性を大切に伸ばします。お母さんたちの心の交流の場ともなっています。

TEL 03-5750-0757　FAX 03-5750-0767
メール angel-plan-v@kofuku-no-kagaku.or.jp

# ネバー・マインド

不登校の子どもたちを支援するスクール。

「ネバー・マインド」とは、幸福の科学グループの不登校児支援スクールです。「信仰教育」と「学業支援」「体力増強」を柱に、合宿をはじめとするさまざまなプログラムで、再登校へのチャレンジと、進路先の受験対策指導、生活リズムの改善、心の通う仲間づくりを応援します。

TEL 03-5750-1741　FAX 03-5750-0734
メール nevermind@happy-science.org

## ユー・アー・エンゼル!(あなたは天使!)運動

障害児の不安や悩みに取り組み、ご両親を励まし、勇気づける、障害児支援のボランティア運動です。学生や経験豊富なボランティアを中心に、全国各地で、障害児向けの信仰教育を行っています。保護者向けには、交流会や、医療者・特別支援教育者による勉強会、メール相談を行っています。

TEL 03-5750-1741　FAX 03-5750-0734
メール you-are-angel@happy-science.org

## シニア・プラン21

生涯反省で人生を再生・新生し、希望に満ちた生涯現役人生を生きる仏法真理道場です。週1回、開催される研修には、年齢を問わず、多くの方が参加しています。現在、全国8カ所(東京、名古屋、大阪、福岡、新潟、仙台、札幌、千葉)で開校中です。

東京校 TEL 03-6384-0778　FAX 03-6384-0779
メール senior-plan@kofuku-no-kagaku.or.jp